子どもカウンセリング いじめ

寺戸武志　著

いじめられちゃった

いじめちゃった

いじめを見ちゃった

自分を助ける方法

はじめに

みなさんの中に、
いじめられちゃった人はいませんか？
いじめを見ちゃった人はいませんか？
そして、いじめちゃった人はいませんか？

いじめられちゃった人は、「なんで私《わたし》がこんな目にあわなきゃいけないの？」「先生に言ったら余《よ》計《けい》にいじめられるかな……」「このいじめはいつまで続くんだろう？」というような、とてもつらくて悲しい思いをしていませんか？

いじめを見ちゃった人は、「助けてあげなきゃ！」「でも助けようとしたら自分もいじめられるかも……」という気持ちが両方出てきて、心が苦しくなったり、「私《わたし》には関係ないもんね」「気づかないフリをしておこう」と目を背《そむ》けたいと思った経験《けいけん》はありませんか？

そして、いじめちゃった人の中には「いじめていると楽しい」と感じている人もいるかもしれないし、「遊んでいるだけでいじめてない」「相手が大げさなだけ」と思っている人、「相手が悪いんだ」と言っている人もいるかもしれませんね。

学校は「みんな」が平等に楽しく元気に成長していく場所です。

「みんな」の中には自分だけではなく自分以外の人もいます。「自分が楽しいかどうかだけではなく、自分以外の人が楽しいかどうかも考えて行動できる人」がとなりにいると、なんだかうれしいですよね。反対に、だれかはすごく楽しんでいるけれど、だれかはいつも悲しい思いをしている教室だとうれしくないですよね。いじめは、だれかが楽しんで、だれかがつらく悲しい思いをしてしまうのです。

いじめは、そんな「みんな」の楽しさをこわしてしまうものなのです。

でも、ときにはいじめられちゃったり、いじめを見ちゃったり、いじめちゃったりすることもあるかもしれません。そうなったらもう楽しい仲間にはもどれないのでしょうか。いじめが起こったとき、どうすればいいのでしょうか。

いじめは解決《かいけつ》できます。

「みんな」が「みんな」の幸せを考えて、「いやだからやめて」「やめてあげなよ」「ごめんね」「いいよ」などの言葉とほんの少しの思いやりがあれば解決《かいけつ》できます。

この本で、いじめられちゃった人、いじめを見ちゃった人、そしていじめちゃった人、それぞれの気持ちを考えて、「みんな」でいじめを解決《かいけつ》していきましょう。

この本の読み方

　この本は、“いじめられちゃった”“いじめちゃった”“いじめを見ちゃった”という３つの立場からそれぞれの人の気持ちや、解決《かいけつ》に向けてやってほしいことを解説《かいせつ》しています。

学校などで起こりやすい事例をマンガと文章で紹介《しょうかい》しています。

①“いじめられちゃった人”にクローズアップして、その人の様子や気持ちなどを書いています。

テーマのタイトルです。全部で７つあります。

②“いじめちゃった人”の立場からの様子や気持ちが書いてあります。

●ぜひ、読みながら考えてもらいたい部分です。

Case 1 いつも何かをおしつけられる

いつも、遊びのルールはBさんが考えます。今回は「最後にボールを持っていた人が片づけ係」です。片づける時間になると、Bさんは、ほかの人からボールをもらってAさんにわたしたり、ほかの人に目で合図をしてAさんにわたさせたりします。

Bさんの気持ち

ボールを片づけるときも楽しもうと思ってこのルールをつくったんだ……。

最初は、鬼ごっこみたいに楽しんでいたけど、今はAさんにおしつければ片づけなくていいから、ラクだなっていう気持ちもあるかな。

それに、Aさんがボールをだれにもわたせない様子がおもしろいと思っているんだ。

考えてみよう！
Aさんのこと

1. ルールだからと文句を言わせないようにしていないかな？
2. 自分の楽しさのためにAさんを苦しめていないかな？
3. 文句を言わず、片づけをしているAさんはどういう気持ちかな？

Aさんがいやがっていたころは、Bさんは「ルールをやぶる気か！」とAさんをにらんでいました。最近は何も言わずに片づけるAさんを見て笑って楽しんでいます。

13　12

どうして
そんなことをして
しまったのかなどを
一緒《いっしょ》に考えて
みてね。

③まわりにいたり、一緒《いっしょ》にいたりして、“いじめを見ちゃった人”の立場からの様子や気持ちが書いてあります。

Case 1 いつも何かをおしつけられる

15　14

いじめを
見ちゃった人は、
どんな様子で、どんな
気持ちになるのかを
考えてみてね。

Case 1 いつも何かをおしつけられる

これからどうすればいい？

Aさんもみんなも楽しめるようにしましょう

Bさんは遊びのリーダー的な存在で、みんなを楽しませる力があります。遊びの中で、ルールをつくってみんなが楽しめるように導いてくれています。

最初はみんなが楽しめると思ってつくったルールだったのかもしれませんが、今はそのルールによってこまっているAさんをみんなで楽しむようになってしまいました。

ルールは、全員が同じくらいがまんしながら、全員が同じくらい楽しめるためにあるものです。だれかが、いやな思いをするようなルールならばすぐに変更する必要があります。

Bさんには、そのルールをなくしたり変えたりできる力があるはずです。その力を「みんなが楽しめるため」に使えるといいですね。

解決ポイント

1. Aさんは、いつもがまんして片づけ係をやってくれていること
2. 全員が楽しめるルールになっていないこと

16

Bさんにやってほしいこと

解決その1 遊ぶときのルールをつくりなおす

Bさんが持っているみんなを楽しませる力を使って、全員が楽しいと思えるルールをもう一度つくってみましょう。

解決その2 Aさんにあやまる

相手をいやな気持ちにさせてしまったことはよくありません。

「Aさんをこまらせたり、Aさんのことを笑ったりしてごめんね」とあやまってみましょう。

17

④“いじめちゃった人”やまわりの人に気づいてほしい大切なポイントが書いてあります。

⑤“いじめを見ちゃった人”、まわりの人などそれぞれの立場で気づいてほしいことを解《かい》説《せつ》しています。

やってみよう！

見ちゃった人やまわりの人に、ぜひやってほしいことが書いてあります。

Case 1 いつも何かをおしつけられる

まわりのみんなにやってほしいこと

Bさんの言うとおりにしていれば自分はこまらずに楽しく過ごせるので、「まあいいか」と思ったり、Aさんの気持ちを考えようとしなかったり、まちがったことだと思ってもどうすればいいのかわからなかったりしているのかもしれませんね。

また、自分一人で「まちがっている」というようなことを言うと、「ノリが悪い」とほかのみんなから仲間外れにされるかもしれないと、おびえる気持ちがあるのかもしれません。でも、ほんの少しの勇気を出してみませんか。

やってみよう その1 Aさんに話しかける

Aさんからボールをもらって「今日は私が片づけるよ」と言ってみましょう。

18

やってみよう その2 Bさんに気持ちを伝える

Bさんに「Aさんばかりがこまっているからルールを変えようよ」と言ってみましょう。

やってみよう その3 自分の気持ちをだれかに相談する

「Aさんがかわいそうだよ」とBさんや一緒に遊んでいる仲間に言うのは勇気がいるかもしれません。その勇気が出ないときには、こまった気持ちを聞いてくれる人を探して伝えましょう。先生でも家の人でも、友だちでもいいです。そして、一緒に考えてもらいます。

きっと自分の心もスッキリしますよ。

19

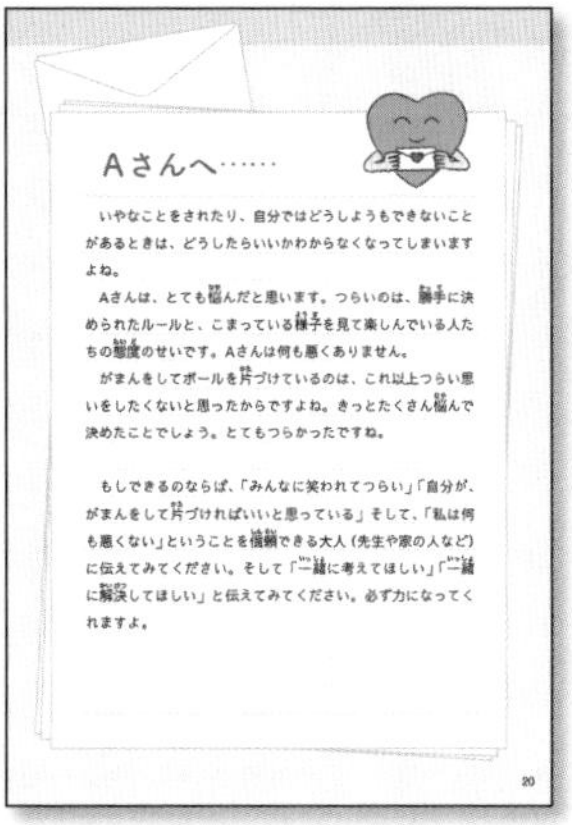

Aさんへ……

いやなことをされたり、自分ではどうしようもできないことがあるときは、どうしたらいいかわからなくなってしまいますよね。

Aさんは、とても悩んだと思います。つらいのは、勝手に決められたルールと、こまっている様子を見て楽しんでいる人たちの態度のせいです。Aさんは何も悪くありません。

がまんをしてボールを片づけているのは、これ以上つらい思いをしたくないと思ったからですよね。きっとたくさん悩んで決めたことでしょう。とてもつらかったですね。

もしできるのならば、「みんなに笑われてつらい」「自分が、がまんをして片づければいいと思っている」そして、「私は何も悪くない」ということを信頼できる大人（先生や家の人など）に伝えてみてください。そして「一緒に考えてほしい」「一緒に解決してほしい」と伝えてみてください。必ず力になってくれますよ。

20

⑥“いじめられちゃった人”へのメッセージです。ぜひ読んでください。

いじめかどうかわからなくても、
クラスメイトとの関係で少しでも
気になることがあったときには、
この本を思い出して読んで
みてくださいね。

もくじ

キャラクター紹介《しょうかい》

犬博士《いぬはかせ》
いじめについてしっかり考えたいところや、ポイントを伝えてくれます。

ラビちゃん
だれかが、こまっているときに出てきます。

ハーティー
いつもみんなを守りたいと思っています。

case 1

いつも何かをおしつけられる

休み時間、Aさんは同じクラスの友だちといつも運動場でボール遊びをしています。

教室にもどる時間になると、一緒《いっしょ》に遊んでいるBさんがいつもAさんにボールをわたして「最後にボールを持っていたやつが片《かた》づけ係な！」と言って教室へ走ってにげます。ほかのみんなも走ってにげていきます。

Aさんは、仕方なくいつもボールを片《かた》づけています。

Aさんの場合

Aさんの様子は？

ボールを片《かた》づけているときのAさんは、笑っているときも、悲しそうな表情《ひょうじょう》のときもありますが、おこっている様子はありません。

Aさんの気持ち

最初は楽しかったよ。
ボールをだれかにわたそうとしたけど、みんながにげていくんだ

みんなにげちゃって、
ボールをほかの人にわたせないと笑われるんだ

だまってボールを片《かた》づければみんなが笑わないと思って、
仕方なくいつも片《かた》づけているんだ

Bさんの様子は？

Bさんの気持ち

ボールを片《かた》づけるときも楽しもうと思ってこのルールをつくったんだ……。

最初は、鬼《おに》ごっこみたいに楽しんでいたけど、今はAさんにおしつければ片《かた》づけなくていいから、ラクだなっていう気持ちもあるかな。

それに、Aさんがボールをだれにもわたせない様子がおもしろいと思っているんだ

いつも、遊びのルールはBさんが考えます。今回は「最後にボールを持っていた人が片《かた》づけ係」です。片《かた》づける時間になると、Bさんは、ほかの人からボールをもらってAさんにわたしたり、ほかの人に目で合図をしてAさんにわたしたりします。

考えてみよう！

Aさんのこと

1. ルールだからと文句《もんく》を言わせないようにしていないかな？
2. 自分の楽しさのためにAさんを苦しめていないかな？
3. 文句《もんく》を言わず、片《かた》づけをしているAさんはどういう気持ちかな？

Aさんがいやがっていたころは、Bさんは「ルールをやぶる気か！」とAさんをにらんでいました。最近は何も言わずに片《かた》づけるAさんを見て笑って楽しんでいます。

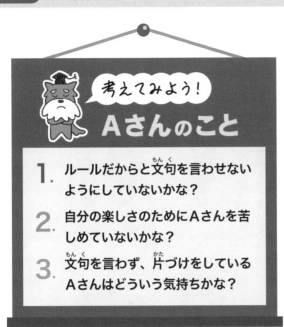

一《いっ》緒《しょ》に遊んでいた友だちは？

みんなで
ハメる感じが
ワクワクする
ボールを
わたせないAさんが
悪いんだよ
Bさんが決めたルールが
良いことなのか悪いこと
なのかは考えないように
していたかも……
「ルールだから
仕方がないんだ」と
心の中で言い訳《わけ》
していたかも……

にげるとき
ダッシュをするのが
楽しいなあ
ルールだから
仕方ないよね
片《かた》づけしないで
いいからラク！

どうしてこまっているAさんが
いても、そのまま過《す》ごすのかな？
ほかのみんなと
同じようにしないと
ノリが悪いと思われると
思ったんだ
みんなの楽しい
雰囲気《ふんいき》をこわしたく
なかったの

これから どうすれば いい？

Aさんもみんなも楽しめるようにしましょう

解決《かいけつ》ポイント

ポイント 1 Aさんは、いつもがまんして片《かた》づけ係をやってくれていること

ポイント 2 全員が楽しめるルールになっていないこと

Bさんは遊びのリーダー的な存在《そんざい》で、みんなを楽しませる力があります。遊びの中で、ルールをつくってみんなが楽しめるように導《みちび》いてくれています。

最初はみんなが楽しめると思ってつくったルールだったのかもしれませんが、今はそのルールによってこまっているAさんを見てみんなで楽しむようになってしまいました。

ルールは、全員が同じくらいがまんしながら、全員が同じくらい楽しめるためにあるものです。だれかが、いやな思いをするようなルールならばすぐに変《へん》更《こう》する必要があります。

Bさんには、そのルールをなくしたり変えたりできる力があるはずです。その力を「みんなが楽しめるため」に使えるといいですね。

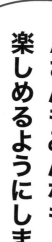

Bさんにやってほしいこと

解決《かいけつ》その1 遊ぶときのルールをつくりなおす

Bさんが持っているみんなを楽しませる力を使って、全員が楽しいと思えるルールをもう一度つくってみましょう。

解決《かいけつ》その2 Aさんにあやまる

相手をいやな気持ちにさせてしまったことはよくありません。

「Aさんをこまらせたり、Aさんのことを笑ったりしてごめんね」とあやまってみましょう。

まわりのみんなにやってほしいこと

Bさんの言うとおりにしていれば自分はこまらずに楽しく過《す》ごせるので、「まあいいか」と思ったり、Aさんの気持ちを考えようとしなかったり、まちがったことだと思ってもどうすればいいのかわからなかったりしているのかもしれませんね。

また、自分ひとりで「まちがっている」というようなことを言うと、「ノリが悪い」とほかのみんなから仲間外れにされるかもしれないと、おびえる気持ちがあるのかもしれません。でも、ほんの少しの勇気を出してみませんか。

やってみよう その1 Aさんに話しかける

Aさんからボールをもらって「今日は私《わたし》が片《かた》づけるよ」と言ってみましょう。

やってみよう その2

Bさんに気持ちを伝える

Bさんに「Aさんばかりがこまっているからルールを変えようよ」と言ってみましょう。

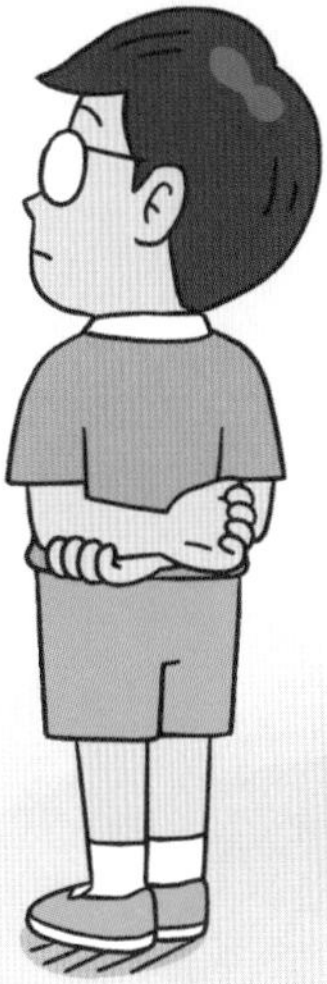

やってみよう その3

自分の気持ちをだれかに相談する

「Aさんがかわいそうだよ」とBさんや一緒《いっしょ》に遊んでいる仲間に言うのは勇気がいるかもしれません。その**勇気が出ないときには、こまった気持ちを聞いてくれる人を探《さが》して伝えましょう。**先生でも家の人でも、友だちでもいいです。そして、一緒《いっしょ》に考えてもらいます。

きっと自分の心もスッキリしますよ。

Aさんへ……

いやなことをされたり、自分ではどうしようもできないことがあるときは、どうしたらいいかわからなくなってしまいますよね。

Aさんは、とても悩《なや》んだと思います。つらいのは、勝手《かって》に決められたルールと、こまっている様子《ようす》を見て楽しんでいる人たちの態度《たいど》のせいです。Aさんは何も悪くありません。

がまんしてボールを片《かた》づけているのは、これ以上つらい思いをしたくないと思ったからですよね。きっとたくさん悩《なや》んで決めたことでしょう。とてもつらかったですね。

もしできるのならば、「みんなに笑われてつらい」「自分が、がまんして片《かた》づければいいと思っている」そして、「私《わたし》は何も悪くない」ということを信頼《しんらい》できる大人（先生や家の人など）に伝えてみてください。そして「一緒《いっしょ》に考えてほしい」「一緒《いっしょ》に解決《かいけつ》してほしい」と伝えてみてください。必ず力になってくれますよ。

コラム

いじめは絶《ぜっ》対《たい》にゆるされないことです

いじめは相手の心や体を傷《きず》つける行為《こうい》です。いじめによる心や体の傷《きず》は、消えるまでにすごく時間がかかることもあります。それくらい、深く相手を傷《きず》つけてしまうのがいじめです。

「ただ遊んでいただけ」と思っている人がいるかもしれません。いじめた側は〝遊んでいるだけ〟だと思っていたとしても、いじめられた側はとてもつらい思いをしています。一緒《いっしょ》に遊んでいる仲間がつらい思いをするような遊びは「遊び」ではありませんよね。

「いじめたつもりはない」と思っている人がいるかもしれません。だれかにつらい思いをさせていることに気づいたり、止めたり、あやまったりできない関係はとっても悲しいですよね。

「相手が悪い」と思っている人がいるかもしれません。たとえ相手に悪いところがあったとしても、だから相手をいじめて心や体を傷《きず》つけていいということにはなりませんよね。

いじめをしてもいいという理由は何一つありません。いじめは絶対《ぜったい》にゆるされないことなのです。

case 2

すれちがうときにたたかれる

Cさんの場合

Cさんは去年同じクラスだったDさんとすれちがうときにいつも頭をたたかれます。

ふだんDさんは、何も言わず突然《とつぜん》「パチン!」と平手で1発たたいて、何も言わずに去っていきます。

ときどき、Cさんが「痛《いた》い!」と言うと、Dさんは「うるせえバーカ」と言って笑いながら、さらに2~3発たたくこともあります。

Cさんの様子は？

D

去年もたたかれることはありましたが、すれちがいざまにたたかれるようになったのはクラスが分かれてからです。

たたかれたときは、いつも悲しそうです。ときどき「痛《いた》い！」とおこるときもあります。

Cさんの気持ち

がまんできないほどではないけど、けっこう痛《いた》い
去年はまあまあ仲が良かったし、最初はゆるしていたんだけど、今は本当にやめてほしいと思っているんだ
「痛《いた》い！」と言ってもさらにたたかれてもっと痛《いた》いし、笑われていやな気分になるからあんまり言わないようにしている
Dさんのことは、別にきらいじゃない。もめたくはないから、できるだけがまんをしているんだ

Dさんの様子は？

Dさんは、Cさんに気づいていないフリをしてゆだんさせ、急にたたいているようです。

Dさんの気持ち

去年同じクラスで仲が良かったから、Cさんとからもうと思ってたたき始めたんだ。そんなに思いっきりたたいてないよ。

おこってきたり、反応があると楽しいんだ。でも、最近はあんまりおこらなくて、おもしろくないから、いじわるしたい気持ちでたたいちゃってるんだ。

イライラすることがあったとき、Cさんをたたくと少しスッキリすることもあるんだ

相手を傷《きず》つけるつもりじゃなければ相手をたたいてもいいのかな？

1. 痛《いた》がっているCさんは、たたいてきたDさんと楽しくからみたいと思ってくれそうですか？
2. いやがるCさんの様子を見て、いじわるな気持ちで楽しんでいませんか？
3. 自分がCさんのように毎日たたかれていたらどう感じますか？

Cさんが「痛《いた》い！」と言っておこったときは、Cさんをばかにしたような態度《たいど》で笑いながらさらにたたいて去っていきます。

近くで見ていた友だちは？

ＤさんはＣさんにかぎらず、よく人のことを冗談《じょうだん》半分でたたくので、まわりの人もいやがっているよね
Ｄさんが人をたたくことは有名。みんないやがっているけど、Ｃさんみたいにいつもではないから、気にしてないんじゃないかな
毎日Ｃさんがたたかれていても「いつものこと」みたいな感じになっているんだ

Cさんがたたかれたときに一緒《いっしょ》にいた人も、そのことにふれることはないし、Cさんもその話はしないんだよね
Cさんがたたかれていることは、みんな知ってる。いつものことなのでだれも気にしていないよ
たたかれてもキレたりしないし、別に平気なんじゃないのかな
いつもたたかれているCさんは本当に平気なのかな？

これから どうすれば いい？

暴力《ぼうりょく》はいけないことです たたくのはやめましょう

解決《かいけつ》ポイント

ポイント1 Cさんのように毎日たたかれていたらどんな気持ちになるかを想像《そうぞう》してみること

ポイント2 Dさんは、本当はCさんと仲良くしたいと思っていること

　DさんはCさんと去年は同じクラスだったのに、進級してクラスがはなれてしまい、さみしくなったのかもしれませんね。どうやってからめばいいのか、わからなくて、たたくことでからもうとしているのでしょうか。

　Cさんはたたかれても反応《はんのう》があまりなく、がまんするからついいじわるしたいという気持ちで、もっとたたいてしまっているのかもしれませんね。

　でも、人の体や心はすごく繊《せん》細《さい》で、すごく大切なもの。たたかれた人は、体も痛《いた》いけれど、それ以上に心も痛《いた》くなってすごく傷《きず》ついてしまうのです。だから、たたいてきた人のことをどんどんきらいになってしまいます。思いどおりにならなくて、イライラしてもたたくことは絶《ぜっ》対《たい》にやってはいけません。

Dさんにやってほしいこと

解決《かいけつ》その1 自分の気持ちに気づく

Cさんとからみたい気持ちや、自分のイライラを解消《かいしょう》したい気持ちでCさんをたたいていないかな？

相手に痛《いた》い思いをさせたいわけではないよね？　本当はどうしたいのかな？　**自分の気持ちをゆっくり考えてみましょう。**

解決《かいけつ》その2 気持ちを言葉で伝えてみよう

たたくのではなく、「やあ！」「元気？」「今度遊ぼうよ！」と声をかけてみたらどうかな？

たたかなくても、**言葉で気持ちを伝えれば、必ず伝わるよ。**少しずつ伝えられるように挑戦《ちょうせん》してみましょう。

まわりのみんなにやってほしいこと

自分がCさんのように、毎日たたかれていたら平気ではないですよね。それなのにCさんのつらい気持ちに気づかないフリをしようとしていませんか。

「自分は別にこまっていないから人の問題には関わりたくない」と思って、そのために気づかないフリをしたくなるのかもしれません。

でも、その人の気持ちを考えてあげたり、ほんの少しだけ手を貸《か》してあげたりするだけで、その人を救《すく》うことができるときもあります。

だって、あなたがこまったとき、まわりの人があなたの気持ちを考えてくれたり、手を貸《か》してくれたり、助けてくれたなら、すごくうれしいですよね。

やってみよう その1 Cさんに声をかける

「たたかれたら痛《いた》いよね」って言ってみましょう。ほんの少しかもしれませんが、きっと**Cさんの気持ちはラクになります。**

「たたかないでよ！ってDさんに一緒《いっしょ》に言ってあげるよ？」って聞いてみましょう。きっと、Cさんの気持ちはもっとラクになります。

やってみよう その2 先生に相談する

Cさんに直接《ちょくせつ》声をかけるのが、むずかしければ、「CさんがDさんにたたかれてつらそうなんだ」と先生に伝えてみましょう。

Cさんへ……

たたかれることをがまんしていると、だんだん気持ちが落ちてしんどくなります。たとえ体は大丈夫《だいじょうぶ》だったとしても、心が傷《きず》ついてしまうかもしれません。

本当はやめてほしいよね。力が強くてこわいなあって思う気持ちや、仲の良かったDさんともめたくないなあという気持ちがあって、なんとかがまんして過《す》ごしているのかな。Dさんとの関係をこれ以上こわさないようにしたいと思っているのかもしれませんね。

今はきらいじゃなくても、このまま続いていくとDさんのことが本当にきらいになっちゃうかもしれません。Dさんとの関係をこわさないようにと思うやさしい気持ちはとても素敵《すてき》だし、そのためにがまんを続けてきたCさん、すごくがんばりましたね。

Dさんに「Dさんと友だちでいたいんだ」「たたかれると痛《いた》いから本当にやめてほしいんだ」と落ち着いて話せるといいですね。でも、それがむずかしいようなら先生にその気持ちを伝えてみてください。きっと助けてもらえるはずですよ。

コラム

いじめは法律《ほうりつ》で禁止《きんし》されているんですか？

日本には「いじめ防止《ぼうし》対《たい》策《さく》推進《すいしん》法《ほう》」という法律《ほうりつ》があります。その第四条《だいよんじょう》に「児童等は、いじめを行ってはならない。」と書かれており、いじめを行うことは法律《ほうりつ》で禁止《きんし》されています。

また、この法律《ほうりつ》の第二条《だいにじょう》には「この法律《ほうりつ》において『いじめ』とは、児童等に対して、当該児童等《とうがいじどうとう》が在籍《ざいせき》する学校に在籍《ざいせき》している等当該児童《とうがいじどう》等《とう》と一定の人的関係にある他の児童等が行う心理的又《また》は物理的な影響《えいきょう》をあたえる行為《こうい》（インターネットを通じて行われるものを含《ふく》む。）であって、当該行為《とうがいこうい》の対象となった児童等が心身の苦《く》痛《つう》を感じているものをいう。」と、いじめの定義《ていぎ》が説明されていますが、むずかしい言葉ばかりでわかりにくいですね。

これをわかりやすく言うと、「あなたの言葉や行動（ネット上でも）によって、相手が心や体につらい思いを感じると『いじめ』になります」ということです。たとえ、あなたにいじめたつもりがなかったとしても、相手の心や体が傷《きず》つくと、それは「いじめ」なのです。

case 3

クラスメイトから無《む》視《し》されている

Eさんの場合

Eさんは、クラスの半数くらいの人たちから無《む》視《し》されています。

授業中の話し合い活動では、Eさんだけ机《つくえ》と机《つくえ》を合わせてくれず、話を聞いてもらえないことがあります。

休み時間に、Eさんがクラスメイトに話しかけたときには、まるでEさんがそこにいないように聞こえないフリをしたり、どこかににげていったりすることもあります。

授業中《じゅぎょうちゅう》
はーい! ではグループをつくって話し合いをしましょう
机《つくえ》をつけて!
スーッ
休み時間
ねえねえ…
プイッ
プイッ
プイッ
ねえ…
プイッ
プイッ
プイッ

Eさんの様子は？

Eさんはもともとすごく仲が良い、“仲良し５人組”のひとりで、好きなアイドルの話などでいつも、もりあがっていました。

ある朝、いつものように輪に入ったら、突然《とつぜん》何も言わず４人ににげられました。

最初は冗談《じょうだん》かと思って何度か輪に入ろうとしましたが、「キモいから来ないで」と言われ、にらまれて無視《むし》されるようになりました。

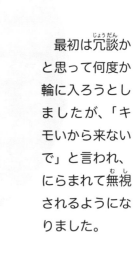

仕方なく別のグループに行きました。でも、ある日突然《とつぜん》、そのグループからも無視《むし》されるようになりました。

Eさんの気持ち

日に日に私《わたし》を無視《むし》する人が増《ふ》えていくのがわかって、とても悲しいし、私《わたし》はひとりで過《す》ごすのはすごくいやだし、はずかしいって思ってしまう。学校に行くのがつらいって思う日もあるよ。

なんで無視《むし》されるようになったのかがまったくわからないから、どうしたらいいのかもわからない。

お母さんには心配かけたくないし、先生に言ったら大事《おおごと》になって余計《よけい》にいづらくなりそうでこわいからだれにも言いたくない

仲良しグループの４人の気持ち

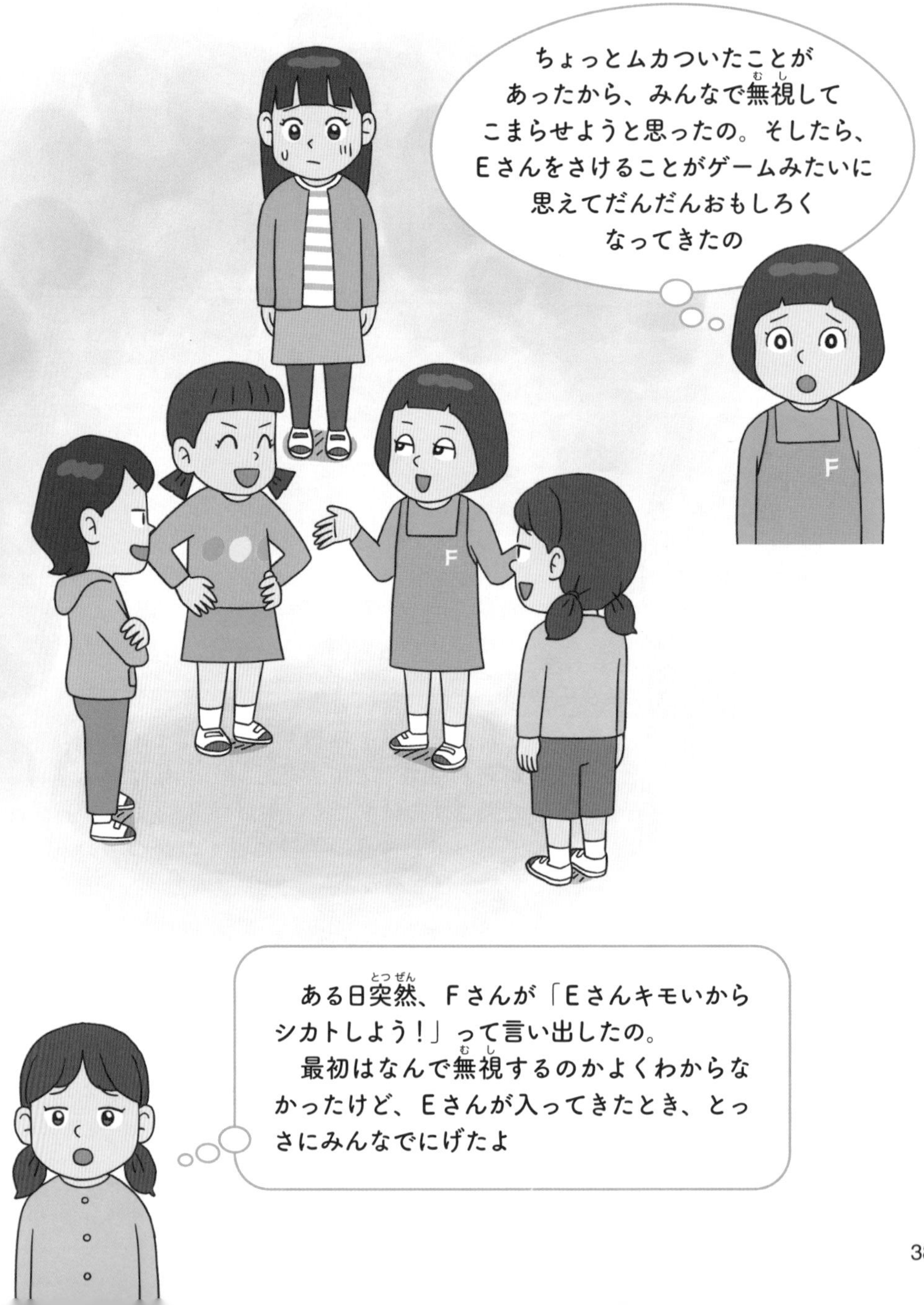
ちょっとムカついたことが
あったから、みんなで無視《むし》して
こまらせようと思ったの。そしたら、
Ｅさんをさけることがゲームみたいに
思えてだんだんおもしろく
なってきたの
ある日突然《とつぜん》、Ｆさんが「Ｅさんキモいから
シカトしよう！」って言い出したの。
最初はなんで無視《むし》するのかよくわからな
かったけど、Ｅさんが入ってきたとき、とっ
さにみんなでにげたよ

どうしてEさんを無視《むし》するの？

1. Eさんを無視《むし》したり、仲間外れにすることを遊びにして楽しんでいませんか？
2. Eさんをターゲットにしないと、自分がされるのではないかと感じてやっていませんか？

別のグループに行ったEさんが、そこで楽しく過《す》ごすのがいやだったから、そのグループの人にEさんのことをさけるように言ったんだ。

Eさんに近づく人をにらんだり、かげでその人の悪口を言ったりしていたら、多くの人がEさんをさけるようになった

だんだん、
Eさんの何気ない行動が
ほんとにキモいって思うようにも
なってきて、毎日Eさんの悪口を
言い合うようになって
きたよ

別のグループのメンバーの気持ち

5人組のメンバーから、Eさんを仲間外れにするように言われたからさけるようになったかな
一緒《いっしょ》にいただけだから、最初は、Eさんの悪いうわさも気にならなかったの
私《わたし》もなんとなくEさんとはからみたくないなって、今はさけているんだ

まわりの人の気持ち

Eさんが仲良し５人組から
仲間外れにされて別のグループに
行ったけど追い出されたってうわさは
知ってる。Eさんが悪いことをしたから
だってみんな言ってたよ

Eさんがひとりで
いるのは知っているけど、
自分がハブられるのはいやだし、
巻《ま》きこまれるのはめんどうだから
関わりたくないって
思っているんだ

「Eさんと仲良くすると
クラスからハブられる」という
うわさがあって、クラスメイトも
Eさんをさけるように
なったんだ

Eさんが仲間外れにされる
ようになった理由は知らない。
Eさんから何かされたり、こまら
されたりしたことはないよ

これから どうすれば いい？

解決《かいけつ》ポイント

ポイント1 無視《むし》はまちがった方法であり、何も解決《かいけつ》しないこと

ポイント2 Eさんを仲間外れにしないと自分が同じようにされると感じていること

Eさんに悪いところがあったとしても、無視《むし》をしてはいけません

たとえ、Eさんに悪いところがあったとしても、無視《むし》という方法では何も解決《かいけつ》しないし、それはまちがった方法です。なぜなら、人間にとってまわりから無視《むし》されるというのはとってもつらく、深く傷《きず》つくことだからです。

「私《わたし》はEさんを仲間外れにしないよ」と言えば、グループの楽しい雰囲気《ふんいき》が悪くなるし、自分も同じように無視《むし》されると思って言えないのかもしれません。けれど、Eさんはみんなが「ハブられないため」「巻《ま》きこまれないため」にずっと、がまんをしないといけないのでしょうか。

仲良し5人組はだれかひとりをつらい目にあわせないと仲良しでいられないなんてことはないはずです。

仲良しグループの4人にやってほしいこと

解決《かいけつ》その1　Eさんにあやまる

「今まで無視《むし》をしてつらい思いをさせてごめんなさい」と素《す》直《なお》な気持ちであやまってみましょう。言いづらいときには、先生に来てもらうのもよいです。きっとうまくいきますよ。

解決《かいけつ》その2　無視《むし》した理由があるならそれを伝える

　Eさんがゆるしてくれたら、「実は○○を直してほしいと思っていたんだけど、言葉で伝えられずに無視《むし》してしまったの。ごめんね」と伝えてみてはどうですか？　Eさんの意見も聞いて、おだやかに話し合えるといいですね。

まわりのみんなにやってほしいこと

　ひとりの人をみんなで無視《むし》する理由は何でしょうか。〝Eさんを悲しませたい〟なんて本当はだれも思っていないんじゃないでしょうか。〝Eさんにいやなところはないけれど、無視《むし》しないと自分が無視《むし》されそうだから〟という理由ではないですか。

　そうだとすると、Eさんが何を言っても、何をやっても無視《むし》はなくならないということになりませんか。自分がEさんならどんな気持ちになりますか。

　まわりのみんなが巻《ま》きこまれないために、Eさんだけががまんしないといけないのでしょうか。

やってみよう その1

「無視《むし》するのはやめよう」と言ってみる

Eさんを無視《むし》しているまわりの人たちは、みんなEさんのことを悲しませたいとは思っていないはずです。きっとあなたと同じ気持ちです。まずはいちばん仲の良い人に声をかけてみませんか？

やってみよう その2

Eさんへの無視《むし》をやめる

Eさんへの無視《むし》をやめて、友だちと一緒《いっしょ》にEさんに声をかけてみましょう。最初は「おはよう」だけでもよいでしょう。SNSを利用してみるのもよいかもしれません。

やってみよう その3

先生に相談する

「自分が仲間外れにされたくないためにEさんを無視《むし》しちゃった。でもEさんを救《すく》いたいです」と相談してみましょう。

Eさんへ……

クラスメイトに無視《むし》されているのは、「私《わたし》が悪いからかな」とか「私《わたし》のせいなのかな」と自分を責《せ》めていませんか。

まわりから無視《むし》されるのは、すごくつらいことです。大人でもひとりでは解決《かいけつ》することがむずかしいです。もし相手に何か理由があったとしても、その理由を言葉で伝えるのではなく、無視《むし》という形で表すことは、決して正しい方法ではありません。

たとえ、Eさんに何か悪いところがあっても、まわりの人たちがそれを理由に無視《むし》するのはまちがっています。Eさんが無《む》視《し》されてもいい理由なんてありません。だから、「自分のせいだ」と、思わないでください。

まわりに心配をかけたくないからだれにも相談せずにひとりで考え、悩《なや》み続けているのかな。でも、家の人や先生は「いやな思いや、悩《なや》みを相談しないでひとりでかかえてしまうこと」がいちばん心配に思うのです。

家の人や先生には、「無視《むし》されてつらいんだ」と気持ちをそのまま伝えてみましょう。そして同時に「心配をかけたくないし、大騒《おおさわ》ぎになったらいやだ」と思っていることを正直に伝えて一緒《いっしょ》に解決《かいけつ》してもらいましょう。きっと、気持ちがラクになります。

いじめを解決《かいけつ》するために①

いじめを見ちゃった…あなたへ

いじめを見たり聞いたりすると、「助けてあげなきゃ」という**『何とかしたい気持ち』**を感じるのと同時に、「でも私《わたし》もいじめられたらいやだ」という**『何もできない気持ち』**とで、モヤモヤした経験《けいけん》はありませんか。また、「私《わたし》には関係ない」と**『何もしない気持ち』**で知らんぷりをしたことがあるかもしれません。

ただ、だれも助けてくれない状《じょう》況《きょう》がいじめられている人をもっとつらくさせるのも事実です。そして、まわりにいるだれかがほんの少しの勇気を持つことで救《すく》うことができるのも事実です。

まわりのみんなも同じ思いのはずです。「ねえ、あの人かわいそうだよね。一緒《いっしょ》にどうすればいいか考えようよ」と友だちに言ってみてください。2人でむずかしければもう一人、そしてもうひとりと仲間を増《ふ》やしてみてください。そして、思い切って先生に相談してください。「自分もいじめられないか不安なんだけど……」という言葉と一《いっ》緒《しょ》に先生に相談してください。

ほんの少しの勇気でいじめられている人を救《すく》えます。そして自分のモヤモヤした気持ちにも勝つことができます。

＼ポイント／

だれかを救《すく》うためのチクりは正義《せいぎ》です。
悪を守るためにチクらないのは悪です。

case 4

写真を撮《と》られてネットにあげられた

Gさんの場合

Hさんは、くしゃみで鼻水が出たGさんの顔を写真に撮《と》り、5人のSNSグループに「Gの変顔」と書いてその写真をのせました。

Iさんはその写真を別のSNSグループにのせました。Jさんもまた、その写真を、別の友だちのLさんに見せました。

数日後、Gさんはクラス全員から「鼻水」と呼《よ》ばれるようになりました。

ハハッ
おもしれ～
こっちのグループにも
シュポ
あげとこ
シュポッ
ねえねえ見て
なんだこれ
見てうける～
数日後
おはよう
鼻水～～～!!!!
ハハハ
ギャハハ
ショボーン
ワハハ
フフフ
キャハハ
ハハ

Gさんの様子は？

Gさんが鼻水を出した話と、写真がクラス中に広まっていることを知り、すごく悲しそうな様子です。

Gさんの気持ち

最初はHさんと写真を撮《と》ってもりあがっていたし、SNSグループでも５人ですごく笑えたから、むしろ楽しかったんだ。

でも、まさかその写真が５人以外に広まるとは思っていなかったよ。

クラスだけじゃなくて学校中やネット上に写真が広まるんじゃないかって思うと不安でたまらないんだ。

今はみんなが「鼻水」と呼《よ》んでばかにするので、すごく悲しいんだ

Hさんの様子は？

Hさんは「仲の良い5人で楽しみたい」「5人しかいないSNSグループだから大丈夫《だいじょうぶ》」というほんの軽い気持ちだったようです。

Hさんの気持ち

Gさんの写真を撮《と》ったりSNSグループにのせたりしたのは遊びだったし、Gさんも一緒《いっしょ》に楽しんでいたから悪いことをしたとは思ってないよ。Iさんや Jさんがほかのグループの人に見せたから悪いんだよ

写真が流出してつらい思いをしている
Gさんを見てどう思うのかな？

SNSグループのメンバーの気持ち

ほかのグループでも
もりあがりたかったから
写真を転送したんだけど、そのとき
「ほかの人には見せないで」って
ちゃんと言ったよ。別にGさんを
ばかにしたり、こまらせたりしよう
なんて思ってなかったんだ

Jさんから写真を
見せてもらっておもしろかったから、
「Gさんが鼻水をたらしていたよ」って
いろんな人ともりあがっていたんだ。
そしたら、いつのまにかみんながGさんを
「鼻水！」ってからかうように
なっていてビックリしたんだ

写真をほかのところにのせるのは
よくないって思ったから、Lさんには
見せるだけにしたんだよ。でもLさんが
いろんな人に話してるって聞いて、
ちょっとマズいなって思ったんだ

グループ以外の人に話題にされた
Gさんはどんな気持ちかな？

まわりの人の気持ち

Gさん＝鼻水っていうのがクラスで、はやっているっていうか話題になっているというか……そんな感じでみんなGさんのことを「鼻水」って呼《よ》ぶようになったんだ

話だけ聞いて、写真を見ていない人はいろんな人にたのんで写真を見せてもらっていたよ

今は「鼻水」って呼《よ》ぶとGさんがおこるのがおもしろくて、みんなでからかって楽しんでいるんだ

「だってみんな言ってるじゃん」とGさんをこまらせている自分に言い訳《わけ》をしていませんか。

これから どうすれば いい？

Gさんをからかわないで、一緒《いっしょ》にいてあげること。からかう人から守ることです

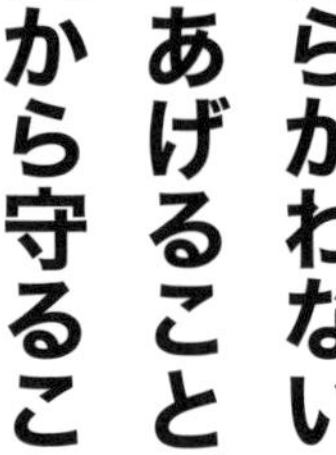

解決《かいけつ》ポイント

ポイント1 Gさんを苦しめる原因《げんいん》となる写真がみんなに広がったこと

ポイント2 Gさんが傷《きず》つき、不安でいっぱいになっていること

軽い気持ちで写真をネット上にさらす（SNSなどでほかの人に見せる）ことは、そこに写っている人の個人情報《こじんじょうほう》を流すことです。

たとえ、悪気がなかったとしても、Gさんが傷《きず》つくことに変わりはありません。

Gさんは今、写真の流出だけでなく、みんなにからかわれていることにも深く傷《きず》ついています。拡散《かくさん》された写真を完全に消せなくても、みんなでGさんを大切にすればGさんは安心できます。

自分は悪くないとか、そんなつもりはなかったとか、Gさんも一緒《いっしょ》に楽しんでいたからとか、そんなことをいくら言ってもGさんは救《すく》えません。まずやることは、苦しんでいるGさんをこれ以上からかわないことです。

写真を見せたり、流したりした友だちにやってほしいこと

解決《かいけつ》その1 写真データを持っている人は今すぐ消す

一度ネット上に拡散《かくさん》されたデータは完全には消えませんが、「自分が持っているデータを消すこと」「だれにも見せない、わたさないこと」は今すぐできます。

もし、また写真が回ってきても、だれにも回さないですぐに消します。そしてその写真を回した人にも「回しちゃダメだよ！」と伝えてください。

解決《かいけつ》その2 できるだけ、Gさんが安心できる行動をとる

Gさんを笑ったり、からかったりしないで、**ふだんどおりに接《せっ》しましょう**。もし、からかう人がいたらその人から守ってあげましょう。

Gさんへ……

軽い気持ちで写真を撮《と》ったり、SNSグループにのせたりしたことが、こんなことになるとは思いもしなくておどろきましたね。自分のはずかしい写真が今後もどんどん大勢《おおぜい》の人に広まっていくかもしれないと考えると不安でたまらないですよね。

ネット上のデータはどんどん広がっていきます。残念ですがデータを完全に消去するのは、ほぼ不《ふ》可《か》能《のう》です。でも、１秒でも早く対応《たいおう》することで被《ひ》害《がい》をできるかぎりおさえることはできます。しかし、ネット上に広がったデータは自分ではどうすることもできません。

迷《まよ》うことなく、今すぐ、家の人や先生などの身近な大人に相談しましょう。「ネットで自分の写真が広まっている。その写真のことでみんなにからかわれている」ということを伝えましょう。

コラム

終わりが見えないネットいじめ

　ネット上にあげられた情《じょう》報《ほう》（文章、画像《がぞう》、動画など）はネット上から完全には消せません。たとえSNSのグループ内だけで共有したとしても、簡単《かんたん》にグループ外へ流出できてしまいます。ネット上でやりとりした情《じょう》報《ほう》は「だれでも見られる・永遠に残る（消えない）」と心得てください。

　軽い気持ちで書きこんだ、だれかの悪口、だれかのはずかしい画像《がぞう》、だれかをこまらせる動画は、一瞬《いっしゅん》で「だれでも見られる・永遠に残る」世界へ放たれます。ネットにあげられた人は、ずっとつらい思いをかかえなければなりません。

　それは、同時にあなたも永遠にその罪《つみ》を背負《せお》い続けなければならないということです。ネットいじめは、とてもおそろしい行為《こうい》なのです。

　手軽で便利なスマートフォンやゲーム機、タブレット端末《たんまつ》ですが、その小さな画面の向こうには世界中の人がいることを忘《わす》れないでください。書きこむ前に、画《が》像《ぞう》をあげる前に、「だれでも見られる・永遠に残る世界だけどいいのか？」と必ず自分に問いかけてください。

case 5

キモいと言われて笑われる

Mさんの場合

Nさんと〇さんはいつもMさんのことを「バイキンちゃん」と呼《よ》んだり、「キモい」「汚《きたな》い」と言ってMさんからにげ回ったりして遊んでいます。

また、クラスの半数くらいの人も、Mさんの持ち物やMさんがさわったものを「キモい」と言ったりして笑っています。

そうじのときMさんの机《つくえ》だけ運ばれないこともありますが、おとなしい性格のMさんは言い返すことはありません。

少し前のできごと……

Mさんは、Nさん O さんと３人で下校しているときに、道路にあった犬のふんをふんでしまったことがあります。そのときから２人はMさんを「バイキンちゃん」と言います。

Mさんの気持ち

犬のふんを
ふんでしまったことも、
NさんやOさんに「汚《きたな》い」って
言われるのもすごくいやだ。
でも、どうすればいいのか
わからないんだ

「キモい」って言われるのは
すごく悲しいんだ。「ちゃんと
洗《あら》ったから汚《きたな》くないよ」って
近づいても「キモい」ってにげられた。
犬のふんをふんだ自分が悪いし、
がまんするしかないんだ

NさんとOさんの様子は？

おはよう
よっ、バイキン♥

Mさんが犬のふんをふんだ日から、2人は「バイキン」「汚《きたな》い」「キモい」と言っています。汚《きたな》いからいやがっているというよりおもしろがっている様子です。

NさんとOさんの気持ち

くつについた犬のふんを見て、「汚《きたな》いなあ！」って言った。それから「バイキンちゃん」と呼《よ》ぶのがおもしろくなっちゃった
Mさんも何も言い返してこないし、からかってもいいってことでしょ？

考えて
みよう!

今のMさんは汚《きたな》いでしょうか？

1. Mさんが汚《きたな》いから「バイキンちゃん」「汚《きたな》い」「キモい」と言っているのではなく、からかうことで、自分たちが楽しみたいから言っているだけではないですか？
2. Mさんがつらい気持ちになっていることを本当はわかっているのではないですか？

うわっ！
やべー！

もう汚《きたな》くないのに
どうして汚《きたな》いって言われな
きゃいけないんだろう

自分がふんを
ふんだら
どう思うかな？

Mさんのくつはしっかり洗《あら》ってあり、今はとてもきれいです。

まわりの人の様子は？

NさんとOさんがまわりのみんなに聞こえるように「バイキン」「汚《きたな》い」「キモい」と言っていつもにげ回っていたので、いつの間にかクラスの半数くらいの人もMさんのことを「キモい」と言うようになりました。
残りの半分のクラスの人は、Mさんのことを「キモい」と言ったりさけたりはしないようですが、Mさんに積極的に声をかけたり関わったりはしていないようです。

NさんとOさんが
Mさんに「バイキン！汚《きたな》い！
キモい！」と言っていたから、
近寄《ちかよ》りたくないなと思って、
Mさんをさけるように
なったんだ

考えてみよう!

Mさんのこと

1. 今のMさんは本当に汚《きたな》いのかな?
2. うわさやまわりの人の態《たい》度《ど》で、自分の態度《たいど》を決めていないかな?

私《わたし》はMさんのことをさけたりはしてないよ

Mさんと仲がいいわけでもないし、巻《ま》きこまれたくないから、かわいそうだとは思うけど、関わらないようにしてるんだ

一緒《いっしょ》にいたり、Mさんの物をさわったりすると自分も「菌《きん》がうつった」って言われるからさけるんだ

これからどうすればいい？

解決《かいけつ》ポイント

ポイント1 「汚《きたな》い」「キモい」「バイキン」という言葉の残酷《ざんこく》さを考えていないこと

ポイント2 相手を傷《きず》つけることで自分たちが楽しんでいること

自分たちが〝楽しみたいだけ〟のために、相手を傷《きず》つけてはいけません

「キモい」という言葉は相手のすべてを否定《ひてい》する言葉です。言われた相手がどうしようもできなくなる言葉です。NさんもOさんもMさんのすべてを否定《ひてい》したいのではないですよね。ただただ自分たちが楽しみたいだけではないでしょうか。

「自分たちが楽しみたい」「自分とはちがう」、ただそれだけのためにMさんはみんなの前ですべてを否定《ひてい》されています。「キモい」という言葉でMさんを悲しみのどん底に突《つ》き落とすようなことをしているのです。Mさんはきっと悲しいし、つらいし、くやしいでしょう。

NさんとOさんにも楽しむ権《けん》利《り》はあります。ただそれは、人を傷《きず》つけることではありません。だれも傷《きず》つかない方法で楽しんでください。

NさんとOさんにやってほしいこと

解決《かいけつ》その1

Mさんの気持ちになってみる

Mさんがつらい気持ちになっていることを本当はわかっているのに、何も言ってこないからと、Mさんの気持ちを考えないようにしていませんか。自分がみんなから「キモい」とからかわれたらどんな気持ちになるのかを考えてみましょう。

解決《かいけつ》その2

傷《きず》つける言葉を言わない

今すぐMさんに「バイキン」「汚《きたな》い」「キモい」と言ったり、さけたりすることはやめましょう。

解決《かいけつ》その3

Mさんにあやまる

そして、「Mさんは汚《きたな》くないよ。今までごめんね」と伝えましょう。伝える勇気がなければ、家の人や先生に「Mさんにあやまりたい」と言ってみてください。きっと一緒《いっしょ》に方法を考えてくれますよ。

まわりのみんなにやってほしいこと

Mさんが汚《きたな》いからではなく、自分もMさんみたいにからかわれないよう、自分を守るために、みんなに合わせていませんか。

Mさんをいじめるようなことはしてはいけないとは思っていても、どうすればいいのかわからなくて、モヤモヤしているのではありませんか。

まわりの人と合わせることで「みんなもそうしているから」「私《わたし》だけじゃないから」と人のせいにできるように感じるかもしれません。でも、自分の行動はすべて自分の責任《せきにん》です。

まわりに合わせようとするのではなく、何が正しいことなのかを自分の頭で考えて、自分で決めて行動しないといけないのです。

やってみよう その1 友だちと話す

友だちに「Mさんの何が汚《きたな》いの？　別に汚《きたな》くないよね？」と話をしてみてください。そしてMさんの気持ちを一緒《いっしょ》に考えてみましょう。

やってみよう その2 Mさんに声をかけましょう

つらい思いをしているMさんに「おはよう！」と、声をかけてください。「昨日のテレビ見た？」でもよいです。Mさんと一緒《いっしょ》に話をしたり、笑ったりしてみてください。

まわりの人とちがう態度《たいど》をとると「空気が読めない」「変わったやつ」「裏切《うらぎ》り者」などと思われないかと不安になります。きっとあなたのとなりにいる人も、そのまたとなりの人も同じ気持ちで同じようにこまっているかもしれません。

だれかがこまっている、苦しんでいる様子は見たくないですよね。また、何もできずにモヤモヤしていることも苦しいことです。そう感じているのはあなただけではないはずです。

Mさんへ……

Mさんは汚《きたな》くないです。バイキンでもありません。Mさんはなにも悪くないですよ。みんなから「キモい」と言われたり、さけられたりしてすごく悲しくつらいけれど、これ以上さけられたくないからと一生懸命《いっしょうけんめい》がまんしてきたのですよね。

また、それをみんながわかってくれないことも、Mさんのせいではありません。

家の人や先生に「みんなからひどいことを言われて、さけられて、しんどいんだ」と伝えてみてください。そして「これ以上いやな思いをしたくないからひとりでがんばっているんだ」ということも伝えてみてください。きっと、気持ちがラクになるはずです。そして、一緒《いっしょ》に解決《かいけつ》してもらいましょう。

コラム

みんなとちがうのは、はずかしいことですか？

人間は一人ひとりが特別な存在《そんざい》です。一人ひとり、顔も声もちがいます。得意《とくい》なことも苦手なこともちがいます。やさしい人もいれば、たくましい人もいます。

男の人が好きな男の人もいますし、肌《はだ》の色が白い人も黒い人もいます。車いすを使っている人も、教室で過《す》ごすことがむずかしい人もいるでしょう。ここにいるみんなが特別で、みんなが同じひとりの人間なのです。

でも、「みんなとちがうかも」と感じたとき、「自分はおかしいのかな」「はずかしいな」と思ったり、本当の自分をかくしてみんなに合わせたくなる人もいるかもしれません。もちろん、そう思う人がいてもいいし、そう思わない人がいてもいいのです。

ただ、本当の自分をかくすことにつらさを感じたり、みんなとちがうことでいじめられたりしたときには、ひとりで悩《なや》まないでくださいね。信頼《しんらい》できる人にそのつらい気持ちを話してください。

みんなとちがう自分、世界にひとりだけの自分を大切にできる自分になりましょう。

case 6

かげでコソコソ悪口を言われる

Pさんの場合

Pさんは、Qさんグループの5人からかげで悪口を言われています。その5人は、休み時間にPさんのほうを見ながらクスクスと笑ってPさんに聞こえないように悪口を言っていたり、授業中にPさんの名前があがると5人で目を合わせてニヤニヤしていたりします。

5人が悪口を言うときはPさんの名前を言わず「だれかさん」と言って話しています。

Pさんの様子

Pさんは Q さんグループが話しているかげ口が自分のことだとわかっていますが、 気づかないフリをしてその場をしのいでいるようです。

Pさんの気持ち

自分のことを笑っていたり、
かげで悪口を言ったりしているのは
わかっているけど、私《わたし》の名前を言って
いるわけじゃないから、だれかに
相談しても「被《ひ》害《がい》妄《もう》想《そう》だ」って
言われそう

まわりのみんなも知らない
フリしてるのを見ていると、
Qさんたちと同じように私《わたし》のことを
「キモい」って思ってるんじゃない
かって不安になるんだ

本当に私《わたし》に関係ないことでも
だれかが笑っていたり、
ひそひそ話していたりすると、
全部自分の悪口じゃないかって
思えてしまうんだ

ヒソ ヒソ…
だれかさんがさあ〜

Qさんグループの様子は？

Pさんが近くにいると、Qさんグループは、Pさんのほうを見てPさんに聞こえないように悪口を言い合ったりするときもあれば、Pさんのことを「だれかさん」と表現《ひょうげん》してあえてPさんに聞こえるように悪口を言うこともあるようです。

Pさんが何か
悪いことをしたわけじゃないけど、
「陰《いん》キャだし、何を言っても
言い返してこないよね」って、
みんなと話していたらすごく
もりあがったよ
ある日なんとなく、
Pさんのことを
「陰《いん》キャでキモイね」って
言うようになったんだ

考えてみよう！

自分が同じことをされたらどう思う？

1. 「陰《いん》キャ」はなぜキモいのですか。自分たちとちがう人たちは「キモイ」のでしょうか？

2. Pさんがもし言い返してきたら「別にPさんのことを言っているんじゃないし。何を、かんちがいしてんの？」と言ってPさんを責《せ》めようと思っていませんか？

3. 「だれかさん」と言ってPさんとわからないようにすれば何を言ってもいいのでしょうか？

陰《いん》キャだよね

もしだれかに注意されても「だれかさん」としか言ってないし……
「いじめていることにはならない」って言い訳《わけ》できると思ってる
何も言い返してこないPさんがおもしろくて、わざと聞こえるように言ったりしてるよ

まわりの人の様子は？

Qさんグループが P さんのかげ口を言って楽しんでいることも、「だれかさん」が P さんのことを指していることもクラスメイトはみんな知っています。

Qさんグループ以外の人で P さんのかげ口を言っている人はいないようですが、それをやめるように注意しようとする人もいません。みんな気づかないフリをしているようです。

クラスメイトのみんなは、P さんを仲間外れにしている様子はありませんが、P さんと仲良くしている様子もありません。

まわりの人の気持ち

「だれかさん」はPさんのことだと
みんな思っているけど、絶対《ぜったい》とは
言い切れないし、Qさんたちにそれを
言ったら絶対《ぜったい》に「Pさんのことじゃない」
って言われるに決まっているから、
やめたほうがいいよって
言えないんだよね
Pさんのことは
かわいそうだと思うけど、
必要以上に関わったり、仲良く
したりすると、自分もかげ口を
言われそうでこわいんだ
Qさんたちが、Pさんを
いじっているのは知ってるけど、
自分はこまってないし、
関わるとめんどくさいから、
気づかないフリをしているよ

これからどうすればいい？

今すぐ、かげでコソコソ言うのをやめます

人には個性《こせい》があります。みんなの顔が、一人ひとりちがうように、みんなそれぞれ性《せい》格《かく》や行動もちがうのです。気が合う人もいれば、合わない人もいます。自分と何かがちがう人を「キモい」というのはまちがっています。だれひとり「キモく」はありません。

もし本当にPさんに何か悪いところがあったとしても、かげ口を言って楽しんでいい理由にはなりません。「だれかさん」と言っていても、人を傷《きず》つける行動であることに変わりはないですよね。

5人は仲のいい友だちグループなのですから、だれかをターゲットにして楽しむのではなく、だれも苦しめない方法でも楽しめるはずですよ。

解決《かいけつ》ポイント

ポイント 1 かげ口は相手を苦しめるだけで何も伝わらないし何も解決《かいけつ》しないこと

ポイント 2 直接《ちょくせつ》言わなかったり、「だれかさん」という言葉を使ったりして自分たちを守ろうとしていること

Qさんグループのみんなにやってほしいこと

解決《かいけつ》その1　Pさんにあやまる

Pさんに「かげ口を言ってごめんね」とあやまってみましょう。上手にあやまれないときには、先生や家の人などにどうすればよいのかを聞いてみます。

解決《かいけつ》その2　直してほしいことは直接《ちょくせつ》伝える

もし、直してほしいところがあるのなら、やさしい言葉で直接《ちょくせつ》伝えてみます。おたがいにわかり合って、これまでよりも楽しい仲間になりましょう。

まわりのみんなにやってほしいこと

かげ口を言われているPさんと自分だけが仲良くするのは、みんなから同じことをされそうでこわいですよね。

自分ひとりがグループの人たちからかげ口を言われるのはこわいけれど、2人だったら、3人だったら……きっとほかの人も同じように、「Pさんはかわいそうだけど、自分もかげ口を言われそうでこわい」と思っているんじゃないかな。同じ気持ちの人が一緒《いっしょ》にいたら、Pさんを助けることができるかもしれません。

やってみよう その1 友だちの意見を聞いてみる

となりの人に「ねえ、Pさんかわいそうだよね」って言ってみましょう。そうやって仲間を増《ふ》やしていって、みんなでPさんと一緒《いっしょ》にいてあげてください。Pさんはきっと安心するでしょう。

それがむずかしいようなら「Pさんがかわいそうです」と先生や家の人に言って助けを求めましょう。

Pさんへ……

かげでコソコソ悪口を言われ続けると、「みんなが同じように思っている」と感じるようになってしまいます。

Pさんのつらい気持ちは決して「被《ひ》害《がい》妄《もう》想《そう》」ではありません。かげ口が続くと「いつも」「みんな」「同じように思っている」と感じてしまうのは自然なことです。ですから、Pさん自身は何も悪くないということを自分に伝えてあげてください。

自分ではどうすることもできないときにはだれかに「助けてほしい」と伝えることが大切です。「助けてほしい」という言葉は決してはずかしい言葉ではなく、むしろ、大人になるために必要なとても大切な言葉です。

今までがんばってきた自分をほめてください。そしてそんな自分を助けてあげましょう。

そのために、先生や家の人に「かげ口を言われていてすごくつらいんだ」「助けてほしい」と伝えてください。必ず助けてくれますよ。

イライラした気持ちは友だちや大人に相談してみてください。運動や好きなことをして、いやな気持ちを発散するのもいいです。ムカついたり、キレそうになったりしたときは、大きく深《しん》呼吸《こきゅう》をしてから「いやだからやめて」と相手に伝えてみてください。そして、気分を変えられて楽しめる遊びなどで思いっきり楽しんでください。自分も相手も傷《きず》つけない正しい方法で、自分を大切にしてください。

そして、だれかをいじめて、傷《きず》つけてしまったのであれば、「もう二度といじめない」と自分に約束します。相手にも「ごめんね」と素直《すなお》にあやまることが大切です。

ポイント

自分の心を大切にするために、
相手の心を傷《きず》つけてはいけません。
あなたも相手も心の大切さは同じです。

いじめを解決《かいけつ》するために②

いじめちゃった…あなたへ

どうしていじめてしまったんでしょうか。

相手がこまる姿《すがた》を見るのが「楽しいから」という人だけではなく、勉強や友だち、家族のことなどでうまくいかないことがあって「イライラしていたから」という人や、相手にいやなことをされて「ムカついた、腹《はら》が立ったから」という人もいるかもしれません。

何かで楽しみたいと思ったり、悩《なや》みがあってモヤモヤしたりイライラしたり、いやなことを言われて腹《はら》が立ったりすることはとても自然なことで、その“気持ち”は何も悪くありません。そして、その“気持ち”を何とかしたいと思うのは自分の心を大切にしたいと思っているからであり、むしろ、とてもいいことなのです。

ただ、自分の心を大切にする方法として「いじめ」を選択《せんたく》してしまったことはまちがっています。自分の心を大切にするために、相手の心を傷《きず》つけてはいけません。心はとっても大切なものです。それはあなたも相手も同じです。

case 7

物をかくされたり、捨《す》てられたりする

Rさんの場合

Rさんは、消しゴムがなくなっていたり、体育着がごみ箱に捨《す》てられていたり、上ばきがトイレの便器から見つかったりするなど、だれかに自分の持ち物をかくされたり、捨《す》てられたりしています。

そのたびに、先生やクラスメイトが一緒《いっしょ》に探《さが》してくれたり、先生が学年のみんなに話してくれたりしていますが、だれがやっているのかはわかりません。

Rさんの様子は？

Rさんはそのようなことが起こるたびにとても悲しい顔をしています。

先生や家の人とも話していますが、だれがやっているのかはわかっていません。

Rさんの気持ち

物がなくなるだけでもいやなのに、
ごみ箱やトイレから見つかるのはとても悲しい。
相手がわからないからこわいし、みんなから
きらわれているんじゃないかって考えちゃう。
私《わたし》が悪いの……？

みんなが探《さが》してくれるのは
うれしいけど、大騒《おおさわ》ぎになるのが
いやでたまにだまってる……

親や先生は心強いけど、
自分のことですごく
おこったり、大人《おとな》同士《どうし》で
もめるのはいやだなって
思うときもあるんだ

Rさんの物をかくした2人の様子は?

Rさんの物をかくした2人の気持ち

「本当はあそこにあるのに」
と思いながら探《さが》している
フリをしているのがおもしろい。
見つからないようにかくすのは
ゲームみたいで
ワクワクする
Rさんが
こまったり、みんなが
さわいだりしているのが
楽しいんだ

考えてみよう！

バレなければ何をしてもいいのかな？

1. 自分のワクワク感や楽しさを得るために、Rさんを苦しめて、たくさんの人をこまらせていませんか？
2. 人の物を取ったりかくしたりすることは犯罪《はんざい》です。

先生が何度もみんなにいけないことだと話をしていますが、だれがやっているのかはわかっていません。

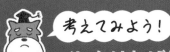

まわりの人の様子は？

Rさんはこれまでも物をなくすことが多かったので、最初のころは自分でなくしてしまったのだと、みんな思っていましたが、ごみ箱やトイレから見つかってからは、だれかがやっていると思っています。

Rさんが自分で
わざとごみ箱やトイレに
入れたんじゃないか
Sさんが
かくしたん
じゃないか
いや、Tさん
じゃないか

まわりの人の気持ち

Rさんはかわいそうだと思うけど、そのたびに私《わたし》たちも探《さが》さなきゃいけないのはめんどうだな……
持ち物がなくなるのはかわいそう。そんなことをする人はダメだし名乗り出ないのはひきょうだと思う
だれがやったのかを知っているけど、先生に言ったら「チクったな」っていじめられそうだから言えない
いたずら好きの人や、Rさんとあまり仲良くない人がやったんじゃないかってうわさもある。Rさんが自分でやってるんじゃないの？って言う人もいるよ

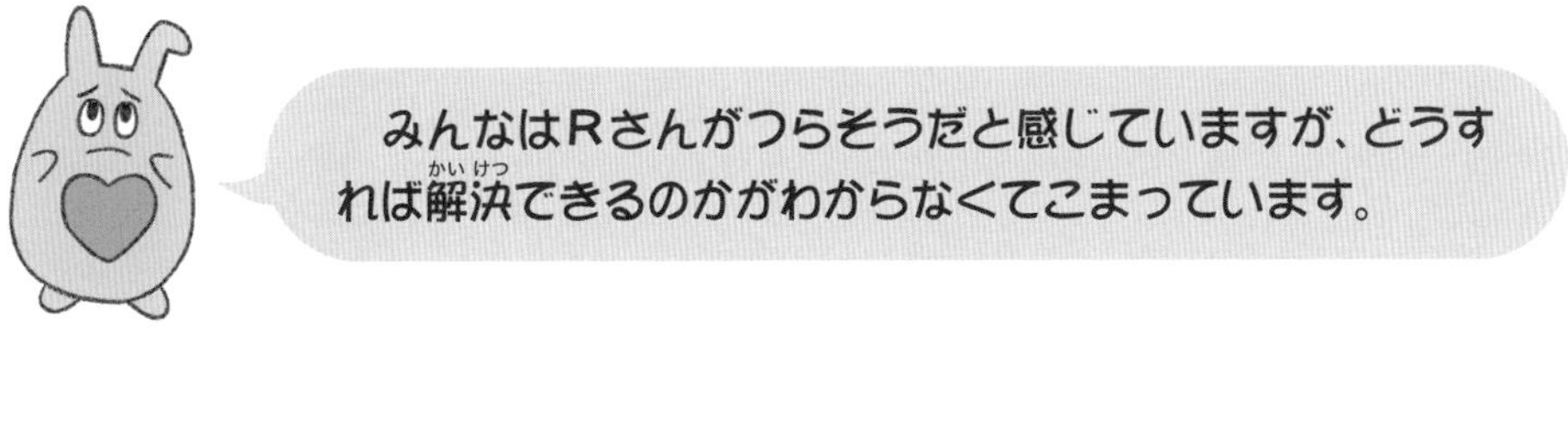
みんなはRさんがつらそうだと感じていますが、どうすれば解決《かいけつ》できるのかがわからなくてこまっています。

これから どうすれば いい？

人の物を勝手に取って捨《す》てたりかくしたりするのは絶対《ぜったい》にしてはいけないことです

人の持ち物を捨《す》てたりかくしたりすることは、警察《けいさつ》に捕《つか》まってしまう犯罪行為《はんざいこうい》です。大人であればその場で逮捕《たいほ》されることもあります。

　また、もっといけないことは、人に対して悪いことをしてしまったり、こまらせてしまったりしても、バレていないからと何もしないことです。それは、自分の悪い心を放っておくことになります。まちがったことをした自分を見捨《みす》てないでください。

　正直にだれかに伝えると、しかられたり、責《せ》められたりするのがこわかったり、わずらわしいと思ったりするかもしれません。でも、Rさんやまわりの人はもっともっとつらい気持ちなのです。迷惑《めいわく》をかけてしまったみんなのためにも、正直に、素《す》直《なお》にあやまりましょう。

解決《かいけつ》ポイント

ポイント **1** 人の物を捨《す》てたり、かくしたりするのは犯罪《はんざい》だということ

ポイント **2** バレていないからといって自分の悪い行動をゆるしていること

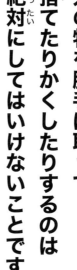

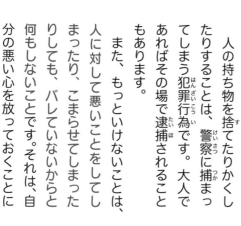

Rさんの物をかくした人にやってほしいこと

解決《かいけつ》その1

「私《わたし》がやりました」と伝えてみましょう。

正直に、先生に話をしましょう。こっそりでもいいです。本当のことを伝えます。むずかしいようなら、友だちや家の人にどうすればいいのかを聞いてみましょう。

まわりのみんなにやってほしいこと

やってみよう その1

もしまた同じことが起こってしまったときには、一緒《いっしょ》に探《さが》す

Rさんの物がなくなるたびに探《さが》すのは、めんどうだと感じることもあるでしょう。Rさんのせいだと思うこともあるかもしれませんが、それはRさんのせいではありません。

やってみよう その2

うわさ話はしない

本当はやってないのに疑《うたが》われたら、その人はどう思うでしょうか。物をかくした人を探《さが》そうとするのは決して悪いことではありませんが、うわさ話は人を傷《きず》つけることもあります。

やってみよう その3

Rさんのそばにいて話を聞く

いろいろ不安になって、悲しい思いをしているRさんによりそい、気持ちが少しでも軽くなるように、話をしたり一緒《いっしょ》に笑ったりしてあげてください。

やってみよう その4

だれがやったのかを知っている人は、そっと先生に伝える

だれがやったのかを知っている人は、すごく気持ちがモヤモヤしていることでしょう。何かを守ったり、だれかを救《すく》ったりするために「チクる」ことは正しいことです。「チクったって言われないか心配」という気持ちと一緒《いっしょ》に、そっと先生に伝えてください。伝えることがむずかしい場合は家の人に代わりに伝えてもらってください。

Rさんへ……

あなたは何も悪くないです。もし、あなたが何か相手にいやな思いをさせていたことが原《げん》因《いん》だったとしても、物をかくされていい理由にはなりません。だから、つらい目にあっている自分を自分で責《せ》めるようなことをしないでくださいね。逆《ぎゃく》に、よくがんばっているねって自分をほめてあげてほしいです。

自分の物がなくなるたびに、「迷《めい》惑《わく》をかけたくない」「大《おお》事《ごと》にしたくない」と思うのはRさんのやさしい気持ちです。でも、迷《めい》惑《わく》をかけているのはRさんではなく、持ち物をかくした人です。

自分のことで家の人や先生がおこったり、大人《おとな》同士《どうし》でもめたりしている姿《すがた》はあまり見たくないと思う気持ちもわかります。でも、つらい出《で》来《き》事《ごと》を伝えないでひとりでがまんしているRさんも心配です。

もしRさんが「迷《めい》惑《わく》をかけたくない」などと感じているのであれば、その気持ちも一《いっ》緒《しょ》に伝えてみてください。

いちばん大切なことは、Rさんの気持ちがこわれてしまわないようにすることです。

かもしれない。不安なんだけど……」と正直に伝えてみてください。そして、「大げさにしてほしくない」「今は聞いてもらえるだけでいい」「相手には何も言わないでほしい」「一緒《いっしょ》に考えてほしい」「今すぐ助けてほしい」「学校に行きたくない」など、どうしてほしいかを一緒《いっしょ》に伝えてみてください。

もし、「身近な人には話しにくい」「話せる人がいない」と感じるときには、電話やSNSで話を聞いてくれる無料の相談窓口《そうだんまどぐち》もあります(96ページ参照)。少し気分を変えるためにもおすすめです。

話を聞いてもらえるだけでもすごくラクになります。一緒《いっしょ》に考えてくれる人がいるだけでとてもホッとします。

むずかしく考えなくていいです。少しでもいいです。気持ちをだれかに伝えてみましょう。

いじめは、だれかと一緒《いっしょ》に考えれば必ず解決《かいけつ》できます。ひとりで考えずに、迷《まよ》う気持ちも伝えてみましょう。

いじめを解決《かいけつ》するために③

いじめられちゃった…あなたへ

「どうして私《わたし》がこんな目にあうの？」「先生や親に言ったらもっとひどくなる？」「このまま、がまんして楽しんでいるフリをしているほうがマシ？」「いつまで続くの？」「自分が悪いの？」「いったいどうすればいいの？」……など、これまでたくさん“モヤモヤ”して、傷《きず》ついて、苦しい思いをしたかもしれません。たくさんのくやしい思いや悲しい気持ちを自分ひとりでかかえてきた人、今もその気持ちをかかえている人もいるかもしれません。あふれそうになる涙《なみだ》を必死にこらえてきた人もいるかもしれません。

でも、今ここから、ひとりで悩むのはもうやめて、だれかと一緒《いっしょ》に考えませんか？

家族、担任《たんにん》の先生や保健室の先生、スクールカウンセラーなどの大人の人でも、クラスや習い事の友だちでもだれでもいいので、あなたのつらい気持ちを話してみましょう。

だれかに話すことでもっといじめやいじりがひどくなるかも……と思っているのであれば、そのことも「もっとひどくなる

いじめられちゃった
いじめちゃった
いじめを見ちゃった
などの

心の悩《なや》み 相《そう》談《だん》窓《まど》口《ぐち》

気軽に
相談してみよう

友だち関係や自分の気持ちが不安なときには、ひとりで悩《なや》まないでいつでも相談してみましょう。自分を助ける行動の一歩です。

まわりの人に
相談しづらいなら
利用してみよう

だれかに相談してみよう

□学校に行けない、行きたくない…　□自分がきらい
□まわりにどう思われているのかな？　□もう無理
□いなくなりたい　□この先どうなるの？　□不安
□ずーっと考えてしまう　□先生にも親にも言えない

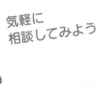

電話をしづらかったら
SNSもあるよ

教えて!

電話やSNSの相談に関するQ&A

Q 電話をしたらどんな人につながるの?

A 学校での問題や心の健康などにくわしい専門スタッフがやさしく対応《たいおう》してくれます。

Q 秘密《ひみつ》は守ってくれるの?

A 秘密《ひみつ》は守ってくれます。安心してください。

気持ちはいろいろあっていい　☑心がこわれる前に

- □なんで、どうして?
- □はずかしい
- □眠《ねむ》れない
- □イライラする
- □私《わたし》、ぼく、自分ばっかり…
- □こわい
- □悲しい
- □体調が悪い
- □いつまでがまんすればいいの?
- □助けて
- □悪口を言われているかも
- □だれに言えばいいの?
- □だれかに気づいてほしいな
- □つかれた

Q どこにかけたらいいの？

A 左記のところで相談できます。気軽にかけてみてください。

◎文部科学省

「24時間子供《こども》SOSダイヤル」（通話料無料）

0120-0-78310《なやみいおう》

https://www.mext.go.jp/ijime/detail/dial.htm

◎法務省「こどもの人権《じんけん》110番」（通話料無料）

0120-007-110

https://www.moj.go.jp/JINKEN/jinken112.html

◎チャイルドライン（通話料無料）

0120-99-7777

https://www.childline.or.jp

◎各都道府県警察《けいさつ》の少年窓口《まどぐち》

各都道府県警察《けいさつ》では、地域《ちいき》ごとに窓口《まどぐち》があります。ウェブサイトから住んでいる地域《ちいき》の窓口《まどぐち》に相談してください。

https://www.npa.go.jp/bureau/safetylife/syonen/soudan.html

文部科学省、こども家庭庁《かていちょう》、厚生労働省《こうせいろうどうしょう》のサイトには、リンクをクリックするだけでつながるところも紹介《しょうかい》されているよ！

2024年6月現在

Q 名前は言わなくてもいいの？

A 名前や学校名は言わなくていいです。もし聞かれたとしても言いたくなければ「言いたくないです」と言えば大丈夫《だいじょうぶ》ですよ。

Q 途中《とちゅう》で切ってもいいの？

A かけてみたけど緊張《きんちょう》して「やっぱり無理だ」って思ったり、話していて「いやだな」って感じたりしたら途中《とちゅう》でいきなり電話を切っても大《だい》丈夫《じょうぶ》です。

Q 上手に話せなくてもいいの？

A 上手に話そうとしなくて大丈夫《だいじょうぶ》です。頭に思いうかんだ言葉をゆっくりと話してみましょう。

Q 親や学校にないしょで相談してもいいの？

A もちろん親や学校にないしょでいいですよ。安心してかけてください。

Q
相談したら何をしてくれるの？

A
まずはあなたの話をじっくりと聞いてくれます。あなたの気持ちにしっかりとよりそってくれます。あなたの味方になってくれます。そして、一緒《いっしょ》に解《かい》決《けつ》する方法を考えてくれます。

電話がすぐにつながらないときは、少し時間をおいてからかけ直してね。

Q
何を話せばいいの？

A
自分が悩《なや》んでいたり、こまっていたりすること、思っていることを自由に話してみてください。いじめられちゃった人はもちろんですが、「いじめではないけどつらい」「いじめられている気がする」などでもいいですし、「いじめを見ちゃったんだけど……」あるいは「いじめちゃったんだけど……どうしよう」など、どんなことでも相談にのってくれますよ。

相《そう》談《だん》窓《まど》口《ぐち》の人は専《せん》門《もん》家《か》の人たちだから、安心して自分の気持ちを伝えてね

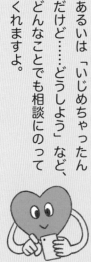

Q

A

お金はかからないの？

96ページで紹介《しょうかい》している電話相談は無料で相談にのってくれます。また、０１２０で始まる電話番号なら、フリーダイヤルなので通話料もかかりません。

Q

A

解決《かいけつ》はしてくれないの？

あなたがお願いをすれば、代わりに学校に言ってくれたり、解決《かいけつ》できるところを教えてくれたりすることもあります。解決《かいけつ》してほしいと思うときはその気持ちを話してみてください。

Q

A

小さな悩《なや》みでもかけていいの？

どんなに小さな悩《なや》みや、ほんのちょっとこまっていることでも大丈夫《だいじょうぶ》です。

Q 地《ち》域《いき》の相談窓口《そうだんまどぐち》とは、どんなところですか?

A あなたの住んでいる地域《ちいき》にある相談窓《そうだんまど》口《ぐち》です。96ページに掲載《けいさい》している相談《そうだん》窓口《まどぐち》と同じように、専門《せんもん》の相談《そうだん》スタッフが対応《たいおう》してくれます。住んでいる場所の相談窓口《そうだんまどぐち》を利用しましょう。

検索《けんさく》の仕方

「厚生労働省《こうせいろうどうしょう》』もしくは「こども家庭庁《かていちょう》」もしくは「文部科学省」、「相談」で検索《けんさく》すると電話番号やチャット、SNSへつながるバナーなどが出てきます。

SNSやネット上には、秘密《ひみつ》を守ってくれなかったり、悩《なや》んでいる気持ちを利用したりする信用できない人もいます。学校で配られる相談窓口《そうだんまどぐち》の案内や、この本で紹介《しょうかい》しているところなら安心です。

Q 電話ではなく、LINEとかで相談したいのですが…

A メール、LINEなどのSNSやチャットで相談できるところもあります。

チャイルドライン

チャットで相談できる日があります。チャイルドラインのホームページからつながります。

こどもの人権《じんけん》110番

メールとLINE相談があります。ホームページからもつながることができます。

本当は、親や先生に
言えばよかったのかもしれないけど、
何となく言えなくて電話をかけた。
絶対《ぜったい》にこうしたほうがいい！という
アドバイスではなく、気持ちを聞いて
もらったよ。でも、それで自分が
これからどうしたらいいかがなんとなく
わかって、明日からのことを考え
られるようになった。

今思えば、
小さなことだったかも
しれないけど、私《わたし》の話を
聞いてくれて、気持ちをラクに
してもらったと思う。
自分もだれかがこまってたら
話を聞いてあげたいと
思った。

先輩《せんぱい》たちに聞いてみました
「電話相談を利用してどうでしたか？」

電話をかけて、
つながったとき、
最初は一回切っちゃった。
でも、少したってからやっぱり
電話しようと思ってかけた。
相談員さんがどんな人か
不安だったから。話したら、
やさしかったです。

先生方へ

❶ 被害児童生徒への対応

いじめで苦しんでいる子どもたちは先生に相談することに対して「大事になったらどうしよう」「余計にいじめられないだろうか」という不安を抱えている場合が少なくありません。先生に言ったら自分のコントロールが効かない状況になっていくのが怖いと感じているのです。ですので、まずは先生に言ってくれたことやつらい目にあってきたことを十分にねぎらったうえで、被害児童生徒の気持ちをゆっくりと聞き、そして「どう対応してほしいか」についても保護者を交えて話し合う姿勢で臨んでもらいたいと思います。学校側の思いや考えだけで対応を進めるのではなく、必ず子ども、そして保護者の意見を十分に加味して、しっかり話し合って決めて対応を進めることを大切にしてください。

❷ 加害児童生徒への対応

加害児童生徒への指導の目的はなんでしょうか。それは、加害児童生徒が自分がやってしまった善悪を正確に理解して「心から反省」をすること、そして「もう二度としない」と心から決心することです。被害児童生徒やその保護者もそう願っていることだと思います。だとすれば、どう指導すれば「心から反省」をするのか「もう二度としない」と心から決心するのかを考えなければいけません。威圧的な態度で怒鳴りつけると「心から反省」するのでしょうか。多くの先生で取り囲んで口々に指導のシャワーを浴びせると「もう二度としない」と心から決心するのでしょうか。重要なのは「心から」という部分です。

人は、自分の話を聞いてくれる人、自分の思いや考えを理解してくれる人の言葉は素直に受け入れたいと感じます。大人でも「うるさい！」「言い訳するな！」と自分の意見を聞いてもらえない上司を信頼するのはむずかしいですよね。まずは、加害に至った「気持ち」をしっかりと聞いてあげてください。そしてその子の「気持ち」を理解してあげてください（理解とはその子がどんな気持ちだったかを正確に認識するということであり、同意や是認ではありません）。そのうえで、やってしまった行為と、今後の在り方について一緒に考えてあげてください。

❸「ゆるさない」クラスづくりと「ゆるせる」クラスづくり

普段から「いじめを絶対にゆるさないクラス」づくりを進める必要があります。ただし、注意すべきことは「ゆるす」には大きく分けて二つの場面が想定されるということです。一つはこれからやろうとしていることに許可を与える（ゆるす）ことであり、もう一つはやってしまった罪を責めない（赦す・恕す）ということです。つまり、「未来へのゆるし」と「過去へのゆるし」の二つです。

「いじめは絶対にゆるさない」は「未来へのゆるし」です。どんな理由があってもいじめを許可しないクラスを目指すということです。しかし、もしこれが「過去へのゆるし」の意味で伝わってしまうと子どもたちはどう思うでしょうか。いじめをしたと認めた時点で絶対にゆるしてもらえないのであれば、いじめをしたことを認めなくなるでしょう。やり直しがゆるされないのであれば反省することもなくなるでしょうし、素直に謝ることもできなくなるでしょう。そうなれば加害児童生徒だけではなく、被害児童生徒も永遠に救われないということになります。

「どんな失敗をしても、心から反省して、もう二度と同じ失敗はしないと誓い、心から謝罪してその気持ちが伝われば、ちゃんとゆるしてくれる温かいクラスなんだ」という思いをみんなが持てるクラスづくりをしてもらえればと思います。

保護者の方へ

「文部科学省が毎年行っている『児童生徒の問題行動・不登校等生徒指導上の諸課題に関する調査』によると、全国のいじめの認知件数は平成25年以降増加傾向にあります。令和４年の一年間では68万１９４８件のいじめが認知されており、これは過去最も多い数です。」これを聞いてみなさんはどう思われましたか。学校はいじめが増えてすさんだ状況なんだと思われた方はいませんか。実は、この数値は学校がいじめと認知した件数であり、学校がいじめとして対応している件数ということになります。もちろん、それだけの数のいじめがあることも事実ですが、それと同時に、「学校が積極的にいじめと認知して対応している数が増えている」というポジティブな意味も含まれているのです。

では、みなさんは「いじめ」と聞いてどんな状況を思い浮かべますか。報道されているような残虐な態様や、命に関わるような状況を思い浮かべた方も少なくはないと思います。しかし、学校で認知されているいじめはそのような残虐なものばかりではありません。現在、「いじめ防止対策推進法」の第二条の中に「当該行為の対象となった児童等が心身の苦痛を感じているもの」がいじめだと定義されており、子どもたちの日常的な些細なトラブルが定義上はいじめになる場合も多いのです（コラム33ページ参照）。ただ、もちろん、中には重大な事態を招くものもあります。また、大事にならずとも心身の苦痛を感じている状況なのですから、いじめを軽視してもいいということでは決してありません。

大切なのは、「いじめ」という言葉やイメージに翻弄されることなく、今、わが子に何が起きているのか、どのような気持ちなのか、どうしてほしいと思っているのかをちゃんと聞いて、個々の事態を冷静に判断するということです。

「親に心配をかけたくない」「親に言ったら怒られる」と思って親に言えず、つらい思いをひとりで抱え続けざるを得ないという子も少なくありません。「え！いじめ！それは大変！」とすぐに慌て騒いだり、逆に、よく話も聞かずに「それくらいで何言ってんのよ！」と突き放されたりすることを恐れて苦しんでいる子もいるのです。まずは、落ち着いて、ゆっくりと、何があったのかという状況の把握と、どんな気持ちなのかというわが子の心の様子、そしてどうしてほしいのかというわが子の願いを聞いてあげられる（安心して話せる）関係を普段から育んでおいていただきたいと願います。

　ただ、どういう状況であれ、わが子がいじめられている、あるいはいじめの加害者になっていると知ると、親自身も不安になったり、つらくなったり、腹立たしくなったりします。それは親としてとても自然なことです。でも、まず第一に考えなければならないのは、親の気持ちを治めることではなく、わが子の気持ちを治めることではないでしょうか。

そのためにも、まずはわが子の気持ちと願いをしっかり聞いてあげてください。そして、教員や学校と対峙《たいじ》するのではなく、教員と対等な立場で何をすべきかを一緒に考えて、子どもの心の回復のために一緒に取り組むことが大切です。問題を一緒に解決するパートナーとして、学校としっかり話し合える関係を構築、維持することを目指してもらえればと思います。

おわりに

友だちと話をしたり遊んだりしていると楽しいですね。

でも、ときには友だちの言葉や行動に対していやだなと感じてムカついたり悲しくなったりすることもありますよね。

友だちにとってはあなたを傷《きず》つけるつもりはなかった言葉だったとしても、あなたにとってはとても傷《きず》つく言葉だと感じることがあります。逆《ぎゃく》に、あなたは傷《きず》つけるつもりはなかったとしても、友だちが傷《きず》つくことだってあります。一人ひとりみんなちがう性格《せいかく》、ちがう考え方を持っている以上、相手を傷《きず》つけてしまったり、自分が傷《きず》ついてしまったりすることを完全になくすことはできないのです。実は、こういったトラブルを乗り越えることによって心が成長したり、その友だちとの仲が深まったりする場合も少なくありません。

できるだけ相手を傷《きず》つけないようにするため、そして友だちとのトラブルを乗り越《こ》えやすくするための方法があります。それは、「いやじゃないかな」と考えて話したり行動することです。相手にいやそうな様子が見られたら「いやだった？ごめんね」とすぐにあやまることです。つまり、相手の気持ちを大切にする「思いやり」の心を持つことです。「思いやり」には友だちとうまく仲直りさせたり、友だち同士の絆《きずな》をさらに強くしたりするすごい力があるのです。

そして、もうひとつは言葉を発することです。相手の言葉や行動にいやだなと感じたら「いやだからやめて」と言ってみましょう。いじめを見かけたら「やめてあげなよ」、いじめちゃったら「ごめんね」と言ってみましょう。そして、相手が心をこめてあやまってくれたなら「いいよ」と言ってみましょう。最初は少し勇気がいるかもしれません。でも、ほんの少しの勇気でいじめは解決《かいけつ》できます。

いじめがない教室はとっても素敵《すてき》です。でも、いじめが起こってしまったとしても、そのいじめをちゃんと解決《かいけつ》できる教室も同じくらい素敵《すてき》だと思いませんか。一人ひとりの「思いやり」と「言葉」で素敵《すてき》な教室が増えることを願っています。

著者紹介

寺戸 武志 てらど たけし

上越教育大学学校教育実践研究コース
いじめ・生徒指導研究研修センター　講師

臨床心理士、公認心理師。

兵庫県内の公立中学校教員、兵庫県立教育研修所心の教育総合センターの指導主事を経て2022年度より現職。

学校におけるいじめや不登校、自殺など、生徒指導上の諸課題の予防を目的とした教育プログラムに関する研究を行っている。

所属学会は日本心理臨床学会、日本ストレスマネジメント学会、日本カウンセリング学会、日本生徒指導学会。

子どもカウンセリング いじめ
〜いじめられちゃった・いじめちゃった・いじめを見ちゃった 自分を助ける方法〜

2024年7月1日　初版第1刷発行
著　　者　寺戸 武志
発 行 人　松本 恒
発 行 所　株式会社 少年写真新聞社
〒102-8232　東京都千代田区九段南3−9−14
TEL 03-3264-2624
FAX 03-5276-7785
URL https://www.schoolpress.co.jp/
印 刷 所　株式会社　精興社

ISBN978-4-87981-803-4　C8037 NDC371

スタッフ　編集：大石 里美　DTP：武蔵 めぐ美　校正：石井 理抄子　表紙・イラスト：シライカズアキ
編集長：山本 敏之

本書の訂正・更新情報を、弊社ホームページに掲載しています。
https://www.schoolpress.co.jp/「少年写真新聞社　本の情報更新」で検索してください。